MW01231031

Eclettica

Le ricette di
GIROGUSTO...

...a ciascuno quello giusto!

*Dedicato a tutti quelli che amano viaggiare degustare conoscere e
sperimentare al di là della cultura gastronomica di ogni dove
quando e perché ...*

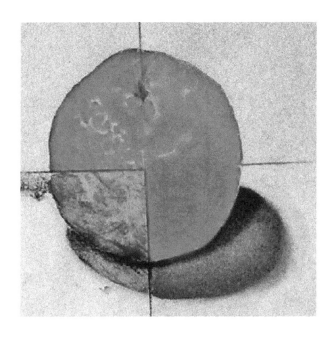

Indice

Eclettica

Così si definisce la cucina di giro gusto e da qui il titolo delle ricette del libro.

Itinerari gastronomici della cucina Italiana   mediterranea con cenni su piatti tipici della Grecia e della Spagna, dove una Pizza può essere sostituita da una Pita ben condita, paragonare una parmigiana a una mussaka', chiamare uno stuzzichino tapas, o altro, unendo culture differenti ma legate dalla storia I cui segni sono visibili e si possono percepire nei sapori e usanze nelle loro sfumature , richiami e fusioni.

I modi di chiamare il pane le sue forme e consistenze, la combinazione di farine selezionate ,la scelta di lievito madre, la lavorazione manuale il calore di un forno a legna piuttosto che uno superfunzionale, gli odori, i sapori, sicuramente hanno influito anche loro una forma di involuzione, presentandosi magari perfetti risultati ma dal sapore meno intenso, sicuramente anche per le mutazioni ambientali.

Introduzione

Il percorso vuole abbracciare la tradizione le influenze delle località limitrofe, esaltandone, la genuinità dei prodotti tipici, dei piatti locali regionali tradizionali e rivisitati dalle influenze sensoriali della conoscenza di altri accostamenti, altri contrasti, altre spezie .... Di piatti tal volta molto simili di cui si pone dubbia la provenienza.

La possibilità di viaggiare settimanalmente attraverso la conoscenza di queste basi creandosi un menu o dieta che può essere sia fisica che mentale, viaggiando appunto tra sapori e combinazioni infinitesimali. Partendo anche solo da piccole pagnotte ...

Antipasti

Di mare o di terra?

In Italiano antipasto Aperitivo

In inglese starter

E così via per ogni località.

Sneak salati noccioline e patatine olive salumi e molto altro in un semplice bar se hai fortuna li trovi anche nei numerosissimi bar ora gestiti dai cinesi dove i banchi dei gran bar storici di Torino le vetrine dedicate ai gelati sono ora luogo di immagazzinamento di patatine .

Aperitivi particolari in bar di paesi come puoi trovare in val di Susa dove si sperimentano risotti alla lavanda e finger food a base di fiori o province come Modena dove si varia dalle classiche tigelline a piattini più elaborati che possono sostituire una cena se fai 3 giri!!! Come alcuni caffè o altri meno abbondanti ma con sfiziose alici marinate e sedano con un pinzimonio agro dolce piccante.

Iniziamo con qualche insalata rivisitata nell'esperienza italo greca in seguito a delle varianti unite e mescolate da piatti acquisiti nel tempo

... e per iniziare il dolce..

Miele di castagno su crema di caprino coperto da cereali legumi e foglie di ulivo agli spinaci frutti rossi essiccati cumino noce moscata sale e peperoncino.

Ovviamente dischi di cetriolo per rinfrescare e the alla liquerizia per digerire. . Buona salute

Frittelle di Baccalà

2 3 gg ammollo spezzetto dopo scolato

Preparare colla con 1 kg farina x filetto.. Rosmarino aglio limone spremuto un pizzico di sale farina lievitante e tutto insieme con un cucchiaio butto dentro olio caldo

Tomini al miele profumato al basilico

Semplicità per conquistare.

Occorre prestare attenzione però ad alcuni passaggi che contribuiscono a dare una consistenza gradevole ed un profumo invitante a questo piatto. Ad esempio, è importante ricordarsi di bagnare con il succo di limone i crostini prima di infornarli, così da ammorbidirli un po' e infondere nel pane inebrianti note aggrumate.

Salmone affummicato alla catalana

INGREDIENTI

Sedano | 1 gambetto croccante
Peperoni colorati | julienne
Salmone affummicato | 2 fette
Senape miele aceto e olio | emulsione

PREPARAZIONE

Condire le verdure con poco sale olio e aceto disporre al centro del piatto sopra un letto di lattuga a chiffonade ed insalata iceberg e creare un piccolo fosso dove disporre 2 fette di salmone a rosa creata con l'aiuto di un dito e versare senza esagerare l'emulsione preparata. Decorare con un ciuffetto di aneto e qualche goccia di aceto balsamico se vi piace.

Stile italiano

INGREDIENTI

Calamari lessati | 5/6 rondelle e un ciuffetto
Gamberi e mazzancolle |1/3
Polipo | 1 tentacolo

PREPARAZIONE

Una volta cotto il pesce e le patate, condire separatamente con olio limone aceto sale pepe e prezzemolo fresco qb.

Impiattare.

Insalatona di mare

INGREDIENTI

Gamberi | 3 Cozze | 5
Calamari | 5 anelli e un ciuffo
Polipo | 1 tentacolo
Tonno | 4\5 cubettini
Pomodori, peperoni, cipollina e aneto
Olio d'oliva
Limone
Sale e pepe qb.

DESCRIZIONE

Una volta cotto il pesce, condire con olio limone aceto sale pepe e prezzemolo fresco qb.

Impiattare qualche foglia di insalata condita qualche spicchio di pomodoro versare un filo di olio extravergine di oliva ed aggiungere qualche ciuffetto di aneto e cipollina fresca.

Primi Piatti

I primi saranno gli ultimi a subire modifiche per tradizione, cultura e sapori difficilmente modificabili per non coprirne i sapori originali e non subire attacchi dai radicati...fans o fanatici del cibo tradizionale o meglio da chi non accetta modifiche ad un piatto che fa tradizione.

Pasta Abruzzese

Primo piatto a base di Pancetta
Originaria dell'Abruzzo

INGREDIENTI

per 4 persone
500 gr Pasta Tipo Maccheroni alla Chitarra
100 gr Pancetta Tesa
2 Peperoncini Rossi Piccanti
2 Spicchi Aglio
50 gr Formaggio Pecorino Grattugiato
Olio d'oliva
450 gr Pomodori Pelati
Sale

PREPARAZIONE:

Tostare la pancetta a dadini su fuoco dolce con 2 cucchiai di olio, l'aglio tritato e i peperoncini privati dei semi.
Unire i pomodori frullati, salare e cuocere a fuoco dolce, semicoperto, per 25 minuti.
Cuocere i maccheroni al dente, scolarli, rovesciarli nella padella con il sugo, unire il pecorino, saltare per qualche minuto e servire.

Gnocchi e chicche in crema di gamberi o scampi

Gnocchi di patata
Gamberetti o scampi
Panna da cucina
Brandy
Sale e pepe qb.

Gnocchi di patate in crema
di scampi o gamberetti,
mazzancolle e gamberoni,
sfumati con brandy
aggiunta di panna, pistacchi
in granella e scorza di limone
non trattato. Sale e pepe qb.

Fusilli alla mediterranea

INGREDIENTI

Tonno | 200 grammi
Cipolla rossa
Olive|
Capperi
Basilico
Prezzemolo
Olio

PROCEDIMENTO

Tonno rosso fresco saltato con cipolle e sfumato con vino bianco, aggiunta di capperi, olive nere denocciolate tagliate a rondelle, un po' di peperoncino, pomodori datterino, ed un po' di passata di pomodoro al basilico.

Orecchiette insaporite con broccoli

INGREDIENTI

Orecchiette pugliesi | 300 grammi
Broccolo
Pane integrale
Acchiuche sott'olio
Peperoncino
Olio di oliva
Sale qb

PROCEDIMENTO

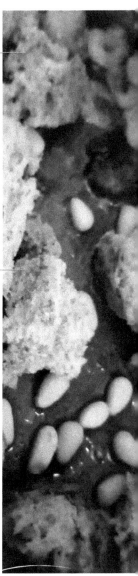

Le orecchiette tipiche pugliesi vengono riproposte se pur in un piatto veloce con qualche aggiunta:

pinoli e aglio soffritti con qualche cappero in salamoia fino a renderlo croccante ma non bruciato.

Bollire la pasta con i broccoli e una volta cotti saltarli nel soffritto.

Infine servire cospargendo di pane integrale fritto nel precedente composto sul piatto ancora fumante e pronto per essere divorato.

Risotto alle bacche di goji.

PREPARAZIONE

Il procedimento è quello di un semplicissimo risotto dunque inizia con la preparazione del brodo vegetale cioè mettendo a bollire del sedano, carote e cipolle.

Poi fai soffriggere la cipolla con una noce di burro e metti anche le bacche di Goji tritate nell'olio d'oliva. Quando la cipolla avrà un colorito ideale aggiungi anche il riso e sfumalo con del vino bianco.

Procedi normalmente come con qualsiasi altro risotto dunque aggiungendo di tanto in tanto un mestolo di brodo finché il riso non sarà cotto. Alla fine aggiungi anche le bacche di Goji e manteca con del burro e parmigiano reggiano

Tortelloni al baccalà

INGREDIENTI

Baccalà
Aromi
Pomodori
Bufala

DESCRIZIONE

Ripieni di baccalà e aromi su vellutata
di pomodorini freschi e crema di bufala

Tortellone Primavera

INGREDIENTI

Spinaci
Salmone
Arancia
Asparagi

DESCRIZIONE

Tortellone di spinaci ripieno di Salmone e scorzetta di arancia, mantecato su crema di asparagi e burrata con polvere di tuorlo sodo

Verdure croccanti e profumo di aneto

Pepe sale qb.

Ravioli al nero di seppia

INGREDIENTI

Pasta al nero di seppia
Gamberetti
Piselli
Peperoni
Cipolla
Salsa tabasco

DESCRIZIONE

Ripiene di gamberetti e verdure croccanti, cotti al vapore come tradizione cinese vuole!

Pepe sale qb.

Secondi di Pesce

Di carne pesce o vegetariani. Piatti speciali o piatti unici semplici o elaborati a seconda dei gusti e della capienza individuale dall' appetito o dalla voglia di gustare più che riempirsi con ingordigia.

Coda di rospo su fumetto all'arancia

INGREDIENTI

Coda di rana
Pomodori
Arance
Sale e Pepe

PREPARAZIONE

Una volta cotta in acqua bollente la coda di rospo per ca 5 o 6 minuti a seconda della grandezza, utilizzare va servito su un guazzetto all'arancia.

Pomodori a spicchio appena scottati e cipolla bianca

Filetto di branzino cromatico

INGREDIENTI

Filetto di branzino | 2
Porri zucchine e patate e latte | 3 cucchiai di
crema
Patate alla curcuma | 10 cubettini
Melograno | 1 dai grani color rubino
Pistacchi in granella | un cucchiaio
Aglio rosmarino filetti di acciuga olio
extravergine | un cucchiaio
Gelatina e maizena | ½ cucchiaio

DESCRIZIONE

Filetto di branzino agli aromi su crema al latte di porri e
zucchine, con patate alla curcuma, granella di pistacchi,
riduzione di melograno e qualche grano.

Sinpfonia di salmone

INGREDIENTI

Salmone | 200 grammi
Pistacchi
Semi si sesamo
Farina di mais

DESCRIZIONE

Sinfonia di salmone avvolto nei pistacchi, semi si sesamo di papavero e mais su vellutata allo zafferano accompagnata da insalata di finocchi tagliati sottili e mostarda di peperoni rossi grigliati e allo zenzero.

Questa la versione originale, prima che venisse omesso il quarto elemento...i semi di papavero....

Spiedini di sardine alla beccafico

INGREDIENTI

Sardine | 200 grammi
Arance
Pane grattugiato
Aglio
Pinoli
Carciofi
Olive nere

DESCRIZIONE

Spiedini di sarde alla 'beccafico' arricchiti da insalata di arance a filetto, olive nere, pinoli e carpaccio di carciofi crudi con cialda di grana.

Gamberoni piccanti al miele con semi di sesamo

Sono una preparazione che sembra nascere per chi cerca un piatto orientale, ma addomesticato con i sapori occidentali.

Il fulcro della ricetta è l'attesa. È necessario lasciare le code almeno 6 ore ad insaporire in un preparato di miele, salsa di soia, aglio e peperoncino, così da far assorbire ai gamberoni tutti i sapori della preparazione.

Una volta superato lo scoglio dell'aromatizzazione, la cottura è veloce. Infatti basterà versare il composto in una padella con poco olio e saltare le code di gambero fino a che la soia non si sarà assorbita completamente. Niente di più. Servirli su un letto di insalata chiuderà il piatto con una nota fresca e colorata.

Gamberoni tigher nel kataifi

INGREDIENTI

Gamberoni
Kataifi|
Burro
Aglio
Olio per friggere

PREPARAZIONE

Gustosi croccanti e sfiziosi se accompagnati da aieoi o una maionese con aglio carota grattugiata e prezzemolo

Tartare di tonno rosso e fragole

INGREDIENTI

Tonno | 180 grammi
Fragole | 5
Fiore di cappero 3

DESCRIZIONE

La tartare con il tonno fresco rosso assolutamente abbattto prima di esere servito,

condito con pochissima cipolla rossa sale e pepe, olio al limone, una emulsion precedentemente preparata, sgocce di riuzione di soya allo zenzero.

L'accostamento con frutti rossi come le fragole darannoo sicuramente una sensazione di freschezza al palato.

Tartare di salmone con avocado

INGREDIENTI

Salmone fresco | 200 grammi
Riso nero | 4 cucchiai
Avocado | 1/2

DESCRIZIONE

La tarare viene qui condita con olio limone, lime sale pepe, con aggiunta di pepe rosa per finire.

L'accostamento con il riso nero pezzi di avocado appena salato e lo yogurt danno sicuramente un idea di consistenze dalle diverse sfumature come i sapori che le compongono.

Carpaccio di branzino con mastice di Chio

Il pesce marinato e un piatto greco tradizionale e moderno. Si possono marinare tutti i tipi di pesce, in particolare

INGREDIENTI PER 8 PORZIONI

1 branzino
80ml succo di limone appena spremuto
60ml aceto bianco
600ml olio extravergine d'oliva
3 cucc. semi di coriandolo macinati
2 cucc. semi di finocchio macinati
1 cucc. sommacco siciliano
3 frutti di cardamomo verde, leggermente macinati
3 pezzetti di anice
1/2 cucc/ino mastice di Chio appena macinato
3 striscioline di scorza d'arancia secca

PREPARAZIONE

Lavare e pulire il pesce: squamare e togliere le interiora e pulire con cura. Tagliare le orate in filetti e tagliare i filetti a strisce larghe 5cm.

Sbattere con la frusta il succo di limone, l'aceto, l'olio d'oliva e le spezie. Collocare il pesce a strati in una ciotola e versare la marinata. Lasciare marinare per 3 ore fuori dal frigorifero. Nota: Il pesce puo rimanere nel frigorifero con la sua marinata. Prima di servirlo, lasciarlo a temperatura ambiente.

Secondi di Carne

PREPARAZIONE	**10 MIN**
COTTURA	**1H E 10 MIN**
MARINATURA	**60 MIN**
PORZIONI	**8 PORZIONI**

Arista all'arancia

INGREDIENTI

1 kg di arista di maiale
2 arance grosse non trattate
2/3 rametti di rosmarino
1 cucchiaino di maizena
20 g di burro
2 cucchiai di olio extravergine di oliva
250 ml di vino bianco
cipolle
sale pepe nero

DESCRIZIONE

L'arista all'arancia è un secondo piatto semplice, ma dal gusto raffinato. Una ricetta classica, con una nota in più, per un arrosto di maiale tenero e delicato perfetto per il pranzo della domenica in famiglia o un'occasione particolare.

Mussaka'

Melanzane
Cipolla
Cumino
Latte
Uova
Noce Moscata
Olioper friggere ed olio di oliva

La mussaka' non è altro che uno sformato di melanzane e patate, i cui strati sono intercalati da carne macinata speziata con cannella e cumino origano e foglie di Dafne, o alloro.

La crema è una sorta di besciamella con aggiunta di un tuorlo d'uovo, la besciamella risulta più scura se speziata con un abbondante cucchiaio ni noce moscata, La mussaka prevede inoltre l'uso del formaggio tipico greco Rigatto, che darà alla gratinatura in forno un colore dorato ed invitante

Soutzukakia

INGREDIENTI

Carne macinata | 1 kg
Uova |1
Aglio
Cumino
Cannella
Passata di pomodoro
Cipolla
Sale pepe

DESCRIZIONE

Una polpetta molto speziata secondo la cultura greca, con cannella aglio cumino sale e pepe, vengono cotte per 10 minuti su una teglia da forno e poi tuffate nel sugo di pomodoro cipolla soffritta cannella in stecca .

L'impasto prevede uno spicchio di aglio tritato un uovo sale pepe, e cumino

Dolmades

Ingredienti per 4 persone
30 Foglie di vite fresche o in salamoia
250 g di carne macinata
125 g di riso
1 uovo
1 cipolla
40 g di pecorino
8 foglie di menta fresca
Prezzemolo
1 limone
4 foglie di alloro
Olio extravergine d'oliva
Sale e pepe

PROCEDIMENTO

Sbollentate rapidamente le foglie di vite in acqua bollente leggermente salata, asciugatele e lasciatele sgocciolare. Se invece utilizzate quelle in salamoia come ho fatto io, sciacquatele in acqua calda ed asciugatele.

Tritate la cipolla e rosolarla con poco olio. Unite la carne, la menta e il prezzemolo sminuzzati, salate pepate e lasciate rosolare la carne per qualche minuto, quindi bagnare con un poco di acqua e lasciate asciugare.

Una volta raffreddato unite il riso, l'uovo e il pecorino. Amalgamate il tutto e tenete da parte.

Iniziate a preparare gli involtini.

Stendete quindi su un telo le foglie di vite con il lato lucido rivolto verso il basso, e ponete una cucchiaiata di ripieno su ciascuna foglia o più foglie sovrapposte se di piccole dimensioni. Ripiegate i lembi esterni verso l'interno e arrotolate.
Disponete gli involtini in una padella ampia con alla base un letto di altre foglie di vite e di alloro. Unitele le une alle altre, coprite di acqua, poco succo di limone, poco olio e portate lentamente ad ebollizione tenendoli pressati in modo che gli involtini non si aprano. Dopo circa 30 minuti e quando l'acqua sarà asciugata e assorbita dagli involtini, togliete dalla pentola e servite i vostri dolmades con carne e riso ben caldi. Nei periodi più caldi invece, sono ottimi gustati freddi accompagnati con una salsa allo yogurt greco.

Scaloppine di pollo al curry limone e yogurt alla banana

INGREDIENTI

Petto di pollo a fette
Curry
Limone
Yogurt alla banana

PREPARAZIONE

Infarinate e saltate con un filo di olio le fettine di pollo precedentemente marinate nel limone curry, sale qb

Se usate lo yogurt da bere non necessita aggiunta di acqua o brodo per finire la cottura, nella crema di yogur.

Fumanti ed accompagnati da riso o insalata sono un veloce piatto non solo per sfamarsi.

Filetto di maialino con chutnay al mango

INGREDIENTI

600 g filetto di maiale
100 g lardo di Colonnata a fettine
100 g cioccolato fondente
1 cucchiaio di burro
olio evo
sale di Maldon

CHUTNEY DI MANGO

1 mango via aerea
1 pezzo radice di zenzero
4 semi di cardamomo schiacciati
qualche fogliolina di origano
1 cipolla piccola dorata
1 peperoncino
1 cucchiaio di zucchero di canna
1 pizzico di sale
2 cucchiai di aceto di mele
1 lime

PREPARAZIONE

Preparata la chutney di mango il filetto una volta scottato e caramellizzato, con aggiunta poi di burro e lardo nonché il cioccolato

Un accostamento dolce amaro che esalterà il piatto.

Filetto di maialino al the nero

Filetto di maialino
Olio evo
pepe nero
aglio
senape Digione
Pistacchi
sale

DESCRIZIONE

1 pulire il filetto
2 olio aglio sale pepe senape
3 massaggiare e lasciarlo marinare per una notte
4 fare copertura con il the nero fai un cartoccio con alluminio
aggiungere un po' di brodo cuocere 20 minuti a 160
controllando cottura al cuore
   Con il liquido all'interno fare demis glass.

Pollo alle mele Golden

PREPARAZIONE

Polletto pulito condito con aglione (rosmarino sale e aglio salvia e timo mixato) in padella con cipolla napoletana grossa color rosa e piatta tagliata grossolana mele golden a tocchetti con buccia. Cannella bacche di ginepro sale e pepe sfumato con brandy. Passare in forno per 20/25 minuti a 180

Pollo all'arancia

DESCRIZIONE

Un secondo speziato e leggero a base di pollo, una carne bianca dal gusto semplice e delicato che si presta a numerose preparazioni in cucina. Nella ricetta il sapore dominante dell'arancia è mitigato dall'intensità del miele, quello d'acacia, uno tra i più pregiati e leggeri esistenti in commercio. Un piatto in grado di stupire anche i palati più esigenti.

Cucina Vegana

Insalata mista

DESCRIZIONE

Con lattuga, finocchio, radicchio e pomodoro e dopo averla condita con poco sale, olio extra vergine di oliva e aceto balsamico aggiungi una manciata di bacche di goji e di scaglie di mandorle. Sale qb

Tabbouleh, Tabulè o Tabuli

PREPARAZIONE

Insalata di prezzemolo con quinoa e bacche di goji di origine libanese con pomodori, cetrioli, carote, cipollotto, limone e menta e che originariamente prevede come ingrediente base il bulgur.

Qui sostituito e condito con una emulsione di zenzero aglio e olio di oliva.

INGREDIENTI

Quinoa 200 g
2 zucchine verdi
1 melanzana lunga
1 peperone rosso
2-3 cucchiai di pomodorini secchi sott'olio
1 spicchio d'aglio
1-2 cucchiaini di semi misti (sesamo, papavero, girasole, lino)
basilico fresco
olio extravergine di oliva
sale
pepe nero
250 ml di acqua

Si tratta di un primo piatto ricco o di un contorno per carne, pollame e pesce. Può anche avere il duplice ruolo di piatto

Taboule calda di verdure con
MASTICE DI CHIO

PREPARAZIONE

Lasciare a bagno in acqua fredda il bulgur per 2 ore, finche assorbe tutta l'acqua e diventa morbido e soffice.

Saltare in olio d'oliva tutte le verdure tritate per 2 minuti circa. Aggiungere i pomodori, l'acqua o il brodo, aggiungere sale e pepe a piacere.

Appena si riduce il liquido nella pentola, aggiungere l'olio di mastice di Chio e il bulgur. Mescolare bene. Servire caldo.condito con olio d'oliva e cospargere con prezzemolo fresco tritato.

Vellutata di ceci e quinoa

INGREDIENTI

Quinoa | 200 grammi
Ceci | 60
Olio di oliva
Cumino

DESCRIZIONE

Una crema che può considerarsi una versione di humus greco, qui arricchito dalla quinoa precedentemente cotta.

Va servito con crostini olio di oliva extravergine, cumino in semi..

Riso rosso con zucca caramellata e radicchio

Un primo piatto sano e ricco di nutrienti, con due ingredienti tipicamente autunnali come protagonisti: la ricetta del Riso rosso con zucca caramellata e radicchio è facile da realizzare e ideale per un pranzo veloce o una cena vegetariana.

PREPARAZIONE	10 MIN
COTTURA	50 MIN
PRONTO IN	35 MIN

INGREDIENTI

250 g di zucca
200 g di riso
200 g di radicchio
3 cucchiai di zucchero
acqua qb
3 cucchiai di aceto balsamico
1/2 bicchiere di vino rosso
1 cucchiaio di olio evo
sale
pepe

PROCEDIMENTO

Lessate il riso in acqua bollente per 18 minuti, dopodiché scolatelo e lasciatelo da parte. Non appena tutti gli ingredienti saranno pronti, saltate la metà della zucca con il radicchio nella stessa padella (lasciate da parte il resto della zucca per guarnire) assieme al riso. Aggiustate di sale e di pepe. Impiattate il riso rosso con zucca caramellata e radicchio e decorate con i cubetti di zucca rimasti.

Risotto alle bacche di goji.

PREPARAZIONE	5 MIN
COTTURA	20 MIN
PRONTO IN	35 MIN

INGREDIENTI

Riso 200 g
Bacchedi goji 200 g
1 sedano
1 carota
1 cipolla
Acqua qb
Burro
Vino bianco
Olio 1 cucchiaio di
Sale
Pepe

PREPARAZIONE

Il procedimento è quello di un semplicissimo risotto dunque inizia con la preparazione del brodo vegetale cioè mettendo a bollire del sedano, carote e cipolle.

Poi fai soffriggere la cipolla con una noce di burro e metti anche le bacche di Goji tritate nell'olio d'oliva. Quando la cipolla avrà un colorito ideale aggiungi anche il riso e sfumalo con del vino bianco.

Procedere normalmente come con qualsiasi altro risotto dunque aggiungendo di tanto in tanto un mestolo di brodo finché il riso non sarà cotto. Alla fine aggiungi anche le bacche di Goji e manteca con del burro e parmigiano reggiano

Carpione

INGREDIENTI

Cipolla
Sedano
Carote
Rosmarino alloro e salvia
Olio
Uno spicchio d'aglio
Vino bianco mezzo litro
Aceto bianco mezzo litro
Acqua un litro
Pepe in grani

PREPARAZIONE

Cipolla sedano carote tutte a rondelle rosmarino alloro e salvia che poi togli fai un soffritto con un po' di olio e uno spicchio d'aglio appena che rosolato un po' lo sfumi con mezzo litro di vino bianco mezzo litro di aceto bianco e un litro di acqua è porti a bollire non appena vedi che è cotto aggiungi sale e pepe in grani lasciar raffreddare e versi sulle milanesi e state bene fratelli e sorelle ora potete andare in pace

La caponata

Un contorno della cucina siciliana ricco e saporito, tipico a base di melanzane, pomodoro, cipolla, olive verdi, capperi, sedano, basilico; un mix di verdure fritte poi ripassate in padella con zucchero e aceto; che regalano il tipico gusto agrodolce! Una bontà unica , che affonda le radici nella tradizione povera! Il cui nome sembra derivi da "capone" , che in dialetto siciliano indica la Lampuga; un pesce pregiato che veniva servito con salsa agrodolce sulle tavole degli aristocratici. I contadini, non potendosi permettere un piatto così costoso; avrebbero sostituito il pesce con le melanzane, molto più economiche! Nasce così la Caponata di melanzane

INGREDIENTI

Melanzane 500 gr
Pomodorini datterini o ciliegino 150 gr
Cipolla 100 gr
Sedano 100 gr
Passata di pomodoro 4 cucchiai
Olive verdi (peso netto snocciolato) 80 gr di
Capperi 1 cucchiaio
Olio extravergine
Basilico
Zucchero 1 cucchiaio abbondante
Aceto di vino bianco 2 cucchiai
Sale
Pinoli precedentemente tostati 50 gr di
Olio per friggere qb

PREPARAZIONE

Come ogni ricetta tradizionale, esistono diverse varianti, a seconda della regione siciliana in cui viene realizzata! La versione trapanese, prevede aggiunta di peperoni; in quella catanese, si aggiungono patate. Quella che vi regalo oggi è la Ricetta originale della Caponata siciliana di una mia cara amica palermitana. Si tratta della più classica delle versioni, facilissima e molto veloce! Basta semplicemente utilizzare ingredienti freschi e di prima qualità; tagliare tutti uguali melanzane e vari gli ortaggi a pezzetti e seguire l'ordine di cottura indicato nel procedimento! Pochi passaggi e porterete in tavola una Caponata a regola d'arte : cremosa, profumata, incredibilmente saporita!

Le Ricette di GiroGusto
60

Dolci

Il settore dolci è uno dei più creativi che per affrontarlo occorre essere un pasticcere professionale.

Qui la ricerca è dei sapori mediterranei come gli agrumi e prodotti molto particolari per provenienza e unicita', dai più comuni a quelli meno usati.

Dei dolci delle tradizioni regionali italiane e cenni su tipicità dolciarie come quelle greche.

Tortino Vignola

PREPARAZIONE

Base tortino al cioccolato...

Nello stampo mezza dose e aggiungo ciliege sotto spirito poi ricopro...

Servire con panna montata e polvere di caffè

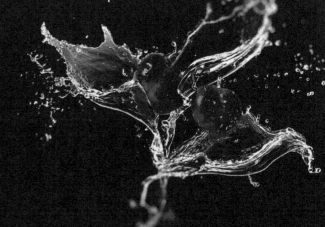

Cheesecake ai mirtilli

Digestive 300 gr
Zucchero canna 3 cucchiai
Burro fuso 150 gr
Ripieno
Philadelphia 700 gr
Tuorli 3
Panna 200 ml panna
Vanillina 2
Zucchero velo 180 gr
Amido mais 1 cucchiaio

PREPARAZIONE:

Cuocere 160 gradi per 60 minuti coperta con alluminio forno statico

Torta tenerina

INGREDIENTI

Burro 100 g
Cioccolato fondente 200 g
Zucchero semolato 150 g
Uova medie 3
Sale fino 1 pizzico
Farina 00 40 g (o fecola di patate)
PER LA TEGLIA
Burro o spray staccante
PER DECORARE
Zucchero a velo a piacere

DESCRIZIONE

La torta tenerina è una torta al cioccolato bassa tipica della città di Ferrara. In dialetto ferrarese è detta anche torta tacolenta, perché l'impasto all'interno rimane umido e un po' appiccicoso, ma proprio questa è la caratteristica principale della tenerina ferrarese.

Con questa ricetta otterrete una torta al cioccolato senza lievito con una crosticina croccante all'esterno ma che all'interno rimarrà morbida e fondente per stupirvi col suo inimitabile sapore.

PREPARAZIONE: 10 min. Cottura 18 minuti
PER UNO STAMPO DA 23 CM DI DIAMETRO

Panna Cotta con pistacchi e mastice di Chio

Questo piatto e in tutti i sensi una variante della tradizionale panna cotta italiana. Il mastice di Chio e cio che fa la differenza,

INGREDIENTI PER 8 PORZIONI

2 fogli di gelatina, 7gr cadauno
Latte fresco 500ml (2 tazze)
Panna 500ml (2 tazze)
Zucchero 80gr
Mastice di Chio macinato 1 cucchiaio
Pistacchi sgusciati tritati 1 tazza

PREPARAZIONE

Lasciare la gelatina a bagno in acqua fredda per 10 minuti

In una grande casseruola, scaldare il latte, la panna e lo zucchero e portare a ebollizione. Aggiungere il mastice di Chio.

Filtrare la gelatina in un setaccio fine e aggiungerla alla panna, sempre mescolando sul fuoco. Togliere dal fuoco al primo bollore e aggiungere i pistacchi

Versare la stessa quantità di panna cotta con mastice di Chio in 8 bicchieri da Martini o in piccole ciotole. Lasciar raffreddare a temperatura ambiente e poi mettere in frigorifero per almeno 4 ore. Servire, se si desidera, con sciroppo di caramello e guarnire con pistacchi tritati non salati.

Crema Catalana

La Crema catalana è un dolce spagnolo tipico della Catalogna, famoso in tutto il modo per la sua bontà! Un dessert al cucchiaio dalla consistenza cremosa e vellutata ricoperta di una crosticina croccante di zucchero caramellato! Semplicemente poesia all'assaggio! da confondere con la Crème brûlée francese, con cui ha in comune il topping "bruciato

INGREDIENTI

Latte intero fresco 450 gr
Tuorli 4
Zucchero semolato 90 gr
Cannella 1 stecca
 Buccia di 1 limone
Noce moscata 1 pizzico
Amido di mais, maizena 2 cucchiai
Zucchero di canna per caramellare qualche cucchiaio

Zuppa Inglese

INGREDIENTI

Latte 1 L
Zucchero '430 g
Liquore alchermes 250 g
Tuorli 180
Farina g 80
Cacao amaro 30 g
Savoiardi soffici grandi
Vaniglialimone mezzo baccello di
Durata: 2 h 45 min

PREPARAZIONE

Per prima cosa, sciogli il cioccolato fondente nel microonde a 600 Watt per 1 minuto ripetendo il ciclo per 3 volte; in questo modo il cioccolato non si brucerà. In alternativa, usa la tecnica del bagno maria.

La Pastiera Napoletana

La Pastiera napoletana è un dolce della tradizione partenopea, tipico del periodo pasquale, a base di pasta frolla, grano, ricotta, uova e dal profumo intenso di fiori d'arancio. Un dolce ricco, importante, saporito. dal profumo intenso, il guscio di frolla solido e le strisce perfette, Il ripieno morbido, cremoso, dal profumo fresco e vivido di fiori d'arancio.

Estasi ad ogni morso.

PER LA PASTA FROLLA

Farina 350 g
Burro o strutto 175 g
Zucchero 140 gr
Uuova intere 2
Scorza di 1 arancia

PER IL RIPIENO

Ricotta vaccina 350 g di ricotta vaccina
Zucchero 250 g
Grano precotto 300 g
Latte 200 ml
Uova intere 2
Tuorlo 1
Canditi (cedro e arancia)150 g d
2 cucchiaini di acqua di fiori d'arancio
Scorza di 2 arance
Scorza di 1 limone
1 pizzico di sale

PREPARAZIONE

Per lavorare alla pastiera napoletana, formate una fontana con la farina e metteteci nel centro lo zucchero, il burro a fiocchetti ammorbidito, il pizzico di sale e il primo tuorlo. Cominciate ad impastare, unendo i tuorli uno alla volta fino a che non si assorbono per bene al composto.

Impastate solo per il tempo necessario a rendere l'impasto della pastiera napoletana un composto liscio e omogeneo. Formate una palla con la pasta frolla e mettetela a riposare per almeno 30 minuti in frigorifero coperta con della pellicola trasparente.

Fate cuocere il grano nel latte a fuoco basso, aggiungendo 30 grammi di burro, le quattro scorze di limone e un cucchiaino di zucchero. Quando il composto diventa cremoso, spegnete sotto il fuoco e lasciate raffreddare.

Amalgamate bene la ricotta, passata prima al setaccio, con lo zucchero. Aggiungete sempre mescolando, i 6 tuorli d'uovo uno alla volta. Tenete le chiare da parte e montatele a neve ferma, vi serviranno dopo. Quindi unite l'acqua di fiori d'arancio, la cannella, la vanillina, il liquore e infine i canditi di zucca e di cedro fatti a cubetti piccoli.

Proseguite aggiungendo tutto il grano ormai freddo, avendolo prima privato delle scorze di limone e in ultimo gli albumi montati a neve. Mescolate fino a rendere l'impasto cremoso e omogeneo.

Riprendete la frolla dal frigo e dividetela mettendone da parte un terzo. Stendete la parte più grande con il matterello ad un'altezza di circa mezzo centimetro cercando di formare un disco più o meno regolare. Per non utilizzare altra farina mentre la stendete potete aiutarvi con due fogli di carta forno e passarci sopra il matterello per spianarla.

Imburrate una teglia da forno circolare da 28 cm e rivestitela con il disco di pasta frolla togliendo i bordi che dovessero eccedere la teglia. La tradizione vuole che la pastiera sia alta

Le Ricette di GiroGusto
70

5/6 cm, questo serve a conservarne la fragranza, quindi regolatevi con una teglia di questa altezza.

Aggiungete gli scarti di pasta a quella messa da parte in precedenza e stendetela nuovamente. Questa volta formate un rettangolo, ricavarne tante striscioline larghe circa 2 cm tagliandole con la rotella tagliapasta dentellata.

Versate il contenuto di ricotta e grano nella teglia rivestita di pasta frolla e livellate con la lama di un coltello. Non riempitela fino in cima, ma lasciate un dito tra il bordo e il ripieno. Completate incrociando sulla superficie le striscioline di pasta appena create mantenendo una distanza di 3 cm l'una dall'altra.

Cuocete la pastiera napoletana in forno preriscaldato a 180 °C per 1 ora e 20 circa. Se avete preparato la pastiera più bassa dei 5/6 cm consigliati, tenetela in forno per 45 minuti. Non vi preoccupate se la pastiera si dovesse gonfiare durante la cottura, è abbastanza normale. Si sgonfierà durante il raffreddamento.

Spolverate la superficie della pastiera napoletana con lo zucchero a velo prima di servirla.

Saker

La Torta Sacher o meglio conosciuta come la Sachertorte è un dolce austriaco strepitoso: la Torta al cioccolato il più famosa del mondo! Base morbida, simile ad un Pan di Spagna al cioccolato, farcita a strati con marmellata di albicocche e ricoperta di glassa fondente! Golosità senza paragoni che fu ideata nel 1832 a Vienna dall'omonimo pasticcere Franz Sacher in onore della cena per principe Klemens von Metternich.

PER UNO STAMPO A CERCHIO APRIBILE DI 23 CM
DI DIAMETRO
Burro a temperatura ambiente 125 g
Zucchero a velo 95 g
Miele 10 g
Tuorli 120 g (circa 6)
Albumi 190 g
Cioccolato fondente (al 70%) 125 g*
Farina 00 115 g
Zucchero semolato 105 g
Sale fino 1 pizzico
PER FARCITURA E COPERTURA
confettura di albicocche 300 g**
PER LA GLASSA
Cioccolato fondente al 55% 300 g
Panna fresca liquida 250 g
Glucosio 50 g
Burro 30 g

PROCEDIMENTO

LA BASE

Trita il cioccolato fondente e sciooglilo a bagnomaria o al microonde. Per realizzare la Sacher io ho usato una planetaria munita di frusta, ma tu puoi procedere anche con uno sbattitore elettrico.

Innanzitutto, separa i tuorli dagli albumi, entrambi devono essere a temperatura ambiente. Poni il burro morbido nella ciotola della planetaria e azionala unendo lo zucchero a velo a velocità bassa per poi alzarla una volta amalgamato; aggiungi anche il miele e sbatti per almeno 10 minuti per incorporare aria.

Unisci i tuorli, uno alla volta e in ultimo il cioccolato fuso (che deve avere una temperatura compresa tra i 32°-35°) ; una volta amalgamato il tutto, unisci il pizzico di sale.

In una ciotola a parte monta gli albumi, usando delle fruste elettriche ben pulite e asciutte. Appena diventeranno bianchi e spumosi, incorpora lo zucchero semolato, in tre momenti, intervallati da un paio di minuti: in questo modo otterrai una bella meringa corposa.

Non ti resta che unire manualmente, con una marisa, la meringa al composto di cioccolato, poca per volta e mescolando delicatamente dal basso verso l'alto alternandola all'aggiunta della farina setacciata.

Lascia 1/4 di meringa da parte, da aggiungere alla fine, quando la farina sarà già stata tutta incorporata, in modo da areare il composto.

La base della tua Sacher è pronta per essere cotta.

COTTURA

Imburra per bene lo stampo a cerchio apribile – oppure usa uno spray staccante – fodera il fondo con carta forno e versa l'impasto al suo interno.

Livella la superficie e cuoci la torta in forno statico preriscaldato a 175° per 40 minuti. Prima di sfornare la torta, fai la prova stecchino per verificarne la cottura al centro: se, estraendo lo stecchino, risulterà asciutto e pulito, la Sacher è perfetta!

Portokalipita

L'Orange Cake alla Greca, non è altro che una torta originaria dell'Isola di Creta ma realizzata ed amata in tutta la Grecia e   non   solo!   la freschezza delle arance unita alla morbidezza della pasta fillo per colazione.

La parola "pita" che significa torta si unisce alla parola "portokalo" che significa arancia formando così il titolo di questa ricetta:

dolce facile e veloce da preparare assolutamente squisito, che si scioglie in bocca al primo morso.

INGREDIENTI

Pasta Fillo 250 gr di
Arancia 1
Tuorlo
Yogurt Greco 100 gr
Olio Extravergine d'Oliva 50 ml
Zucchero Bianco 50 gr
Lievito per Dolci ½ cucchiaio
Per la Glassa all'Arancia:
 Zucchero Bianco 200 gr
 Acqua 175 ml
Cannella in Polvere ½ cucchiaino
Succo di Arancia ½

PREPARAZIONE

L'Orange Cake alla Greca, non è altro che una torta
originaria dell'Isola di Creta ma realizzata ed amata in
tutta la Grecia e non solo!
la freschezza delle arance unita
alla morbidezza della pasta fillo per colazione.
La parola "pita" che significa torta si unisce alla parola
"portokalo" che significa arancia formando così il titolo
di questa ricetta: un
dolce facile e veloce da preparare assolutamente squisi
to, che si scioglie in bocca al primo morso.

Baklava

Un dessert tipico greco ma anche di alcuni paesi medio orientali. È un dolce a base di pasta fillo, cotto al forno, fatto a strati di frutta secca (noci, pistacchi, mandorle) e cannella. Di non semplice preparazione, la sua particolarità sta nell'aroma dello sciroppo che lo ricopre, fatto di miele, zucchero, succo di arancia. Si serve freddo sotto forma di piccoli quadri o rombi.

Approfondimenti

Quinoa e Vegan

La quinoa non è un cereale ma una pianta erbacea (cugina degli spinaci ma nutrizionalmente simile all'amaranto), non contiene glutine ed è adatta ai celiaci. E' inoltre una grande fonte di proteine, carboidrati, fibre,Vitamina C e Vitamina A, sali minerali e aminoacidi essenziali. In altre parole è un toccasana per la salute della nostra pelle! La quinoa è reperibile in 3 varietà (bianca, rossa e nera) e va necessariamente lavata con acqua corrente in modo da eliminare la saponina, una sostanza amara che ne riveste i semi.

COME CUCINARE LA QUINOA

Versare la quinoa in un colino e sciacquarla per 2-3 minuti per eliminare la saponina.
Versare la quinoa in una pentola, aggiungere acqua bollente e lasciar cuocere fino al completo assorbimento, (circa 15 minuti).
L'acqua deve essere il doppio del volume della quinoa: 50g quinoa – 100g acqua bollente oppure 1 bicchiere di quinoa – 2 bicchieri di acqua bollente.

I pistacchi

I pistacchi sono un alimento versatile che può essere impiegato in cucina in molti modi. Gustosi e sfiziosi, fanno anche tanto bene alla salute!

I pistacchi sono i semi della pianta di Pistacia vera, della famiglia delle Anacardiaceae. Inizialmente il pistacchio fu coltivato nelle zone del medio oriente: in Italia, arrivato successivamente, conserviamo una delle varietà migliori che sono i famosi pistacchi di Bronte.

Il loro gusto salato ma con retrogusto dolce, li rende un ghiotto alimento. Buoni consumati da soli, si prestano bene anche per la realizzazione di tante ricette o per guarnire pietanze salate e dolci.

Come la maggior parte della frutta secca, anche i pistacchi hanno un potere riscaldante per l'organismo e vanno consumati con parsimonia in caso di infiammazioni intestinali.

Ideali in inverno, quando le temperature scendono, sono in realtà ottimi in ogni stagione e soprattutto con molte proprietà benefiche. Vediamo quali.

I benefici dei pistacchi

Fonte essenziale di acidi grassi, proteine vegetali e sali minerali come calcio, ferro e magnesio, i pistacchi sono anche ricchi di antiossidanti e di polifenoli che aiutano a proteggere il nostro organismo dai radicali liberi e dai processi di invecchiamento precoce.

Contengono un'alta dose di vitamina E e di carotenoidi che contribuiscono al mantenimento delle membrane cellulari delle mucose e della pelle, di cui il nostro corpo è totalmente rivestito. Il beta carotene presente si trasforma in vitamina A che svolge azione preventiva per neoplasie; il gamma tocoferolo (vitamina E) protegge anche i vasi sanguigni e il cuore.

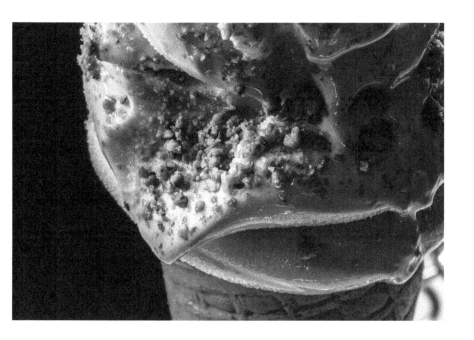

Le bacche di goji

Specialmente da qualche anno a questa parte sono entrate a far parte della nostra alimentazione, soprattutto di quella degli sportivi a causa del loro contenuto di sostanze nutritive.

Si tratta di piccoli frutti rossi disidratati che crescono spontaneamente nelle valli himalayane, nella Mongolia, nel Tibet, nelle province della Cina dello Xinjiang.

Questi frutti possono essere consumati freschi o, come orami siamo abituati a vedere, disidratati come le prugne, i fichi o l'uva.

Le bacche di goji sono consumate dalle popolazioni orientali da migliaia di anni e vengono considerate un elemento essenziale nella medicina tradizionale cinese.

Le loro proprietà sono innumerevoli. Innanzitutto sono degli alimenti molto ricchi di omega 3 e omega 6. In più al loro interno sono presenti circa 18 amminoacidi.

Infine, questi piccoli frutti di colore rosso sono una miniera di oligoelementi come il selenio, potassio, calcio e zinco.

Come sicuramente saprai, i frutti disidratati sono degli alimenti da consumare con parsimonia nel caso in cui tu stia seguendo un regime alimentare controllato perché si tratta di frutti molto calorici.

Insata Lionese con bacche di Goji

Una insalata ricca che prevede uova e pancetta qui sostituite da bacche di goji

Le verdure precedentemente lessate vanno accompagnate da una cinagrette e della senape.Sale:qb

Il cioccolato

La storia del cacao

È antichissima e risale ai popoli delle civiltà precolombiane dei Maya e degli Aztechi, i quali usavano le "cacahuat" (fave del cacao) per farne una bevanda, il "xocolatl", ottenuta con l'aggiunta di pepe, peperoncino, cannella ed altre spezie, e che venivano utilizzate come offerta agli dei per le nascite o, ridotte in polvere, per cospargere il corpo dei giovani nei rituale della pubertà.

La buona cioccolata è untuosa, ha odore forte di cacao, la sua frattura è unita, un po' giallastra, di aspetto cristallino; cotta nell'acqua o nel latte non prende che una consistenza media .

La cioccolata cattiva invece ha frattura irregolare, pietrosa, porosa, biancastra. Quando bolle esala odore di colla e diventa molto spessa; infine irrancidisce rapidamente.

La cioccolata viene adulterata con diverse sostanze fra le quali: fecola di patate, farina di frumento, d'orzo, ecc.: gusci di cacao polverizzati, gomma, destrina, mattone pesto, sego, olii diversi. Sovente contiene pure del glucosio in luogo dello zucchero.

I preziosi semi arrivarono in Europa dopo il quarto viaggio di Cristoforo Colombo, ma è solo dalla prima metà del Cinquecento che Hernán Cortés, il conquistatore del Messico, iniziò una vera e propria importazione di questa nuova merce nel vecchio continente. Da quel momento, la bevanda, allora consumata con aggiunta di zucchero, anice, cannella e vaniglia, ebbe lo strepitoso, esponenziale successo che tuttora detiene.

Nel Seicento il cacao inizia ad essere prodotto anche in Italia, soprattutto a Firenze e a Venezia.

Nel 1865, a Torino, Caffarel, mescolando cacao e nocciole, avvierà la produzione di cioccolato gianduia, mentre una decina di anni dopo lo svizzero Daniel Peter inventerà il cioccolato al latte. La prima produzione di cioccolato fondente, avviata a Berna nel 1879, si deve invece a Rodolphe Lindt, mentre a Frank Mars l'invenzione della prima barretta al cioccolato, apparsa a Chicago nel 1923.

Come si fa il cioccolato?

Diversamente dal cioccolato di Modica, che segue antiche tecniche di produzione artigianali, la produzione più diffusa del cioccolato viene eseguita con macchinari molto più tecnologici e con aggiunta di ingredienti diversi, quali burro di cacao, vaniglia, latte, aromi e zucchero, e anche il risultato, nel gusto e nella consistenza, è molto diverso.

I semi del cacao, detti anche fave, una volta raccolti vengono lasciati fermentare, a terra, sotto foglie di banano e altro fogliame, in modo che le fave di cacao perdano zucchero, mentre il calore sprigionato nella fermentazione impedisce che il seme possa germogliare. I semi vengono poi lasciati essiccare al sole, facendo attenzione che non entrino a contatto con l'umidità che altrimenti potrebbe creare delle muffe. In seguito i semi di cacao vengono passati alla pulitura: attraverso dei macchinari per l'aspirazione, i semi vengono puliti da polveri e altre impurità per poi essere macinati in maniera grezza con una macchina chiamata "rompi cacao" e che separa la buccia dai granelli di semi di cacao, selezionati attraverso setacci.

Il miele

Miele d'acacia

E' un miele decisamente fluido, le cui qualità decongestionanti sono note sin dall'antichità. In ragione del suo basso contenuto zuccherino – non a caso, è tra i pochi mieli che non cristallizza – può essere consumato in modiche quantità anche in un regime dietetico.

Si accompagna molto bene a pietanze sapide e dal gusto molto strutturato: pertanto se ne consiglia l'abbinamento a dei formaggi stagionati – parmigiano o pecorino in primis – o freschi dal sapore forte. In particolare, il miele d'acacia funziona con quei prodotti caseari freschi dal sapore acidulo e pungente, come ad esempio la feta.

Miele di girasole

Il miele di girasole ha una resa in cucina che è il perfetto contrario di quella del miele di acacia.
Il miele di girasole ha un grado di cristallizzazione decisamente elevato.
All'assaggio presenta un retrogusto erbaceo forte e persistente. Perfetto in cucina per le carni alla griglia, in particolare quelle dal forte sentore selvatico .

Miele di agrumi

Questo tipo di miele, in cucina, ha grossomodo le stesse caratteristiche del miele di girasole, con un grado di cristallizzazione di poco inferiore.
Per la sua preparazione si utilizzano in genere nettari di limone, cedro, arancio e bergamotto.
Dal sapore acido e fruttato. Ideale per l'abbinamento con carni bianche.

Miele di castagno

Questo liquido denso e scuro è un prodotto molto particolare, oltre a essere uno dei mieli a più basso contenuto di zucchero. Anche questo, infatti, come il miele d'acacia, non cristallizza mai. Non solo.
All'assaggio presenta un retrogusto amaro unico, abbinato a sentori boschivi. Si tratta di un alimento molto adatto a essere accompagnato con preparazioni a base di carne di qualsiasi tipo, in particolare quelle in umido accompagnate da riduzioni vegetali tendenti al dolce.
Miele di erica
Questo tipo di miele in cucina non è particolarmente utilizzato, sebbene sia in grado di arricchire le pietanze con il suo sapore dolce e originale.
Di rapida e piena cristallizzazione, il miele di erica si distingue per il forte retrogusto simile al caramello. Il suo utilizzo in cucina è particolarmente indicato
per stemperare formaggi dal sapore molto forte come il

taleggio. Un consiglio da inserire nel menù degli antipasti durante la stagione primaverile. Un bel tagliere con assaggi di taleggio, fave fresche e miele di erica. Potete provarlo anche per le vostre pietanze a base di preparazioni al gratin.

Miele di corbezzolo

Come quello di castagno, anche il miele di corbezzolo si caratterizza per il suo retrogusto amarognolo.
Lo differenzia dal miele di castagno la presenza di un bouquet di sentori floreali più gentili.
Il miele di corbezzolo è ottimo per laccature su carni rosse particolarmente sapide come ad esempio la lepre, il capriolo o il cinghiale.

Miele di eucalipto

Uno dei mieli più caratteristici,dal sapore pieno, che ricorda i cereali maltati.
Può essere utilizzato su carni affumicate, compreso il pesce. Inoltre, diviene un ottimo compendio per snack da accompagnare alla degustazione di distillati complessi come il whisky, il rum o la vodka.

Miele di tarassaco

Dalla rapida cristallizzazione, questo miele accompagna ai sentori erbacei della pianta da cui ha origine un retrogusto acre e pungente. In virtù di ciò, viene spesso evitato nella grande distribuzione, pur accompagnandosi più che degnamente a formaggi delicati come la robiola o lo stracchino.

Miele di timo

Dai sentori erbacei molto persistenti, uniti a un retrogusto quasi legnoso, con note di resina. Il suo particolare bouquet non lo rende un prodotto molto malleabile, tuttavia può aggiungere una nota speziata

molto forte a piatti tipici di montagna, come il classico
rösti di patate, specie se accompagnato da una carne in
umido molto sapida.

Miele di rovo

Dal colore scuro, è forse il miele che, per aromi
fruttati, si avvicina come gusto alle confetture, in
particolare – e non potrebbe essere altrimenti – quelle
di frutti di bosco. Ideale per accompagnare preparazioni
che accostano un alimento sapido – ad esempio la
carne – a della frutta fresca o cotta.

Si chiama Mastika

Ha un sapore unico, agrumato e si ricava dalla resina di un arbusto sempreverde.

Il Mastika

Il Mastika è una resina vegetale che deriva dal lentisco, un arbusto sempreverde e –oltretutto- sempre presente nell'Isola di Chio

Si ottiene incidendo l'arbusto con un attrezzo tagliente. Il mastika si presenta come una lacrima al punto dell'incisione e lentamente scivola verso terra.

La sua consistenza inizialmente è gommosa. Si cristallizza in forme asimmetriche dopo circa 15 giorni dalla sua estrazione.
Il suo sapore all'inizio è amarognolo, ma scompare velocemente, per lasciare spazio al profumo inebriante che la caratterizza.

Si produce esclusivamente nell'isola di Chios ed è un prodotto DOP dal 1997.

Itinerari gastronomici

Dalle origini italiane dalla cultura nazionale e regionale dal nord al sud addentrandosi nella cucina mediterranea e con le opportunità di assaporare spezie etniche ritrovabili in molti piatti della cucina Mediterranea.

Sagre

Dalle fiere dedite ad alcuni prodotti caseari speciali primo forti sapori assaggi ed affinità con prodotti francesi ...

Sagre e fiere nel Nord Italia

La Valle d'Aosta apre il nostro tour con la Festa della Fontina, che si terrà dal 13 al 15 agosto a Oyace, mentre settembre si chiude con la Sagra dell'uva il 25 a Chambave.

Nel vicino Piemonte, a Carmagnola, dal 26 agosto al 4 settembre si terrà la LXVII edizione della Sagra del Peperone.

Alba ospiterà la Festa del Vino il 27 settembre, mentre il 9 ottobre ad Arro, frazione del comune biellese di Salussola, si svolgerà la XIII edizione della Festa del Nuovo Raccolto, durante la quale si può anche assistere alla raccolta del riso.

In Liguria, invece, visitando l'Antica fiera del bestiame a Carcare, dal 26 al 28 agosto si possono gustare i prodotti locali della Valle Bormida e del Basso Piemonte.

La Lombardia ci attende dal 12 al 16 agosto per la XL Festa del Vino di Desenzano del Garda, mentre dal 2 al 6 settembre a Ceretto Lomellina si festeggia la XXXIX sagra dell'Anatra.

In Veneto, Vicenza ci accoglie dal 21 al 24 luglio con lo Jamfood, lo Street Food Festival che ospita oltre 10 Food Truck, provenienti da varie regioni italiane, che prepareranno il miglior cibo da strada della nostra tradizione, accompagnato da un'offerta di birre artigianali.

Ancora in Veneto, l'8 settembre a Venezia, porchetta e frittura saranno le protagoniste dell'VIII Sagra del Pastisso.

Scendiamo in Emilia Romagna per la Festa della birra e della porchetta artigianale, che animerà Ospital Monacale, frazione di Argenta, dal 27 al 31 luglio.

Dal 9 all'11 settembre a Igea Marina, invece, si celebra uno dei piatti più famosi della regione alla Festa della piadina.

Dal 24 settembre al 9 ottobre a Comacchio si terrà la Sagra dell'Anguilla, giunta alla sua XVIII edizione, mentre il 29 settembre, a Madonna Boschi, frazione di Poggio Renatico, potrete degustare l'insaccato più famoso della provincia di Ferrara alla Sagra della salamina da sugo al cucchiaio.

Sagre e fiere nel Centro Italia

Anche le Marche vantano una storica tradizione di enogastronomia locale. Un esempio è la LI Sagra del coniglio in porchetta che si terrà dal 29 al 31 luglio a Serra San Quirico.

A settembre è quindi Osimo a ospitare dal 16 al 18 il Festival dei Sapori, con prodotti locali, nazionali e cucina etnica internazionale.

Passando dall'Umbria dal 11 al 20 settembre si può bere un buon bicchiere alla XXXIII Festa dell'Uva di Panicale.

Oppure, spostandoci in Toscana, scoprire i gusti sopraffini della XXV Sagra del Tartufo, che si terrà dal 13 al 17 agosto a Chiusi della Verna.

In Abruzzo, dal 18 al 21 agosto, in località Forcelle a Tornimparte si terrà invece la Festa del Contadino, con stringozzi alla contadina, capra e pane casereccio.

Nel Lazio, invece, dal 29 al 31 luglio a Serrone si terrà la Sagra della patacca e della passerina, che sono rispettivamente una gustosa ricetta di tagliatelle della tradizione ciociara e un vino bianco secco.

Sempre nello stesso week end ad Amaseno si svolgerà la Festa della mozzarella di bufala, mentre San Martino al Cimino frazione di Viterbo ospita il Festival delle birre artigianali.

Festa della birra anche a Latina dal 4 al 7 agosto, mentre gli altri appuntamenti con il gusto ad agosto sono il 4 a Passo Corese, frazione di Fara in Sabina, per la XII Sagra della pizza fritta e degli arrosticini, il 7 ad Arpino per la Sagra delle fettuccine con funghi porcini e tartufo, il 16 a Canterano per la XII Sagra degli gnocchi e il 26 a Genazzano per la V Sagra del cinghiale.

Sagre e fiere nel Sud Italia

Muovendoci verso Sud, a Margherita di Savoia in Puglia dal 10 al 21 agosto sarà possibile partecipare alla VI Fiera nazionale dell'artigianato e dei prodotti tipici.

Fitto carnet di appuntamenti anche in Campania, dove il 29 luglio si terrà la Sagra d'o mascuotto di Bracigliano, un pane di grano tostato preparato secondo una tradizione antica.

Dal 5 al 7 agosto il borgo medievale di Sant'Agata Dé Goti ospita la XXI Sagra San Silvestrese di Cucina e Cultura Contadina, mentre il 12 e il 13 agosto a Castelvetere Sul Calore si terrà la XXXIX Sagra della Maccaronara.

Infine, dal 24 al 25 settembre ad Avella si terrà Pan Ammore e Tarantella, la festa dell'arte e della gastronomia.

In Basilicata impedibile il percorso enogastronomico offerto dal comune di Spinoso dal 12 al 13 agosto con Alla ricerca dei sapori perduti, la manifestazione giunta alla XVII edizione.

In Molise, invece, il 27 agosto potrete degustare pesce fritto delle Isole Tremiti alla Sagra del pesce a Termoli.

Scendiamo infine in Calabria per la XXXVII Sagra da Sujaca, i prelibati fagioli di Carìa, che si terrà il 6 agosto a Drapia, oppure scopriamo i sapori tipici della regione a Terra & Sapori, la manifestazione che si tiene il 13 agosto in località Cancello a Serrastretta.

Sagre e fiere nelle Isole

Concludiamo questo tour di feste e sagre con le Isole maggiori. In Sicilia si può scoprire un piatto della trazione locale e le sue rielaborazioni moderne alla Sagra della cuccia di Palazzo Adriano, dall'1 al 10 agosto.

Spostiamoci infine in Sardegna, a Olmedo, dal 2 al 3 agosto per Sardegna in festa, un festival che coinvolge tutta l'isola e permette di far conoscere e gustare i piatti tradizionali della regione.

Provenienze dop doc

Dalle fiere dedite ad alcuni prodotti caseari speciali primo forti sapori assaggi ed affinità con prodotti francesi ...

10 prodotti DOP IGP

Grana Padano DOP

Parmigiano Reggiano DOP

Prosciutto di Parma DOP

Aceto Balsamico di Modena IGP

Mozzarella di Bufala Campana DOP

Mortadella Bologna IGP

Gorgonzola DOP

Prosciutto San Daniele DOP

Pecorino Romano DOP

Bresaola della Valtellina IGP

Forse le "specialità italiane" sono troppe? Oppure, nonostante il riconoscimento, molte delle aziende non sono state in grado di farsi conoscere ed arrivare sulle tavole estere? In merito il Ministro delle Politiche Agricole Martina afferma, in una intervista rilasciata al Corriere, che occorre far salire la lista ad almeno 20 prodotti in tre anni.

Quando acquistiamo un prodotto l'etichetta è una garanzia e ci assicura qualità e provenienza.

Riferimenti e tendenze

Benessere Psicologico

Mangiare è uno dei bisogni primari di tutti gli esseri viventi, ma per un uomo e una donna adulti il cibo rappresenta molto più che uno strumento per soddisfare un bisogno fisiologico dell'organismo e sono molte le implicazioni psicologiche che si nascondono dietro a ogni pasto. Innanzitutto il cibo è un momento sociale molto importante per gli esseri umani, che amano mangiare in compagnia a differenza di molti altri animali che invece mangiano da soli per proteggere il loro cibo dai predatori.

A tavola si rafforzano i rapporti di amicizia, si festeggiano i lieti eventi, ci si dichiara al proprio innamorato e si concludono spesso affari.

Ma a volte il cibo diventa anche una valvola di sfogo e un appiglio al quale aggrapparsi per combattere lo stress o la depressione.

Succede allora che si mangi troppo o male, privilegiando alimenti grassi o dolci, spesso molto calorici, che soddisfano - anche dal punto di vista chimico - il bisogno di "riempire un vuoto"; o che altre volte invece si mangi in modo irregolare, ingerendo tutto quello che capita e cedendo anche a vere e proprie abbuffate molto dannose a lungo andare per la salute e il mantenimento di un peso corretto.

Meglio allora, in caso di tristezza o stress eccessivo, provare a puntare l'attenzione su qualcosa di diverso dal cibo e, nel caso ci si accorga che il cibo è diventato un rifugio psicologico, chiedere consiglio a un medico o a uno psicologo.

Filosofia Vegan: uno stile di vita etico oltre l'alimentazione

La filosofia vegan, che non accetta nessun tipo di violenza e rifiuta lo specismo concepita da molti come assurda o estrema. In realtà però, non c'è assolutamente niente di estremo nel rispettare volontariamente anche la più piccola forma di vita presente sul Pianeta. L'Ecocentrismo vede dunque l'Uomo posizionato tra le altre specie, e non al vertice di una gerarchia non realmente presente in Natura ma di invenzione umana. L'Uomo al pari della Donna. L'Animale al pari della Donna e dell'Uomo. Tutti insieme in armonia in un legame di reciproco rispetto e coesistenza.

Spesso si pensa alla dieta vegan come una restrizione, una forzatura, qualcosa di innaturale o come una privazione dei "veri piaceri della tavola" Invece è solo un ritorno alle origini. E' il modo più veloce, attraverso il cibo, di ritornare ad un contatto con la Natura andato perso con l'industrializzazione

L'ostacolo iniziale è trovare alimenti senza derivati animali all'interno. L'industria alimentare li infila ovunque (tipo strutto e gelatina animale) ma grazie all'incremento di persone che seguono questa dieta e alla richiesta di alimenti vegani sempre maggiore, anche l'offerta è cambiata.. L'alimentazione vegan e l'abbracciare questa filosofia senza crudeltà.

Fine

Una idea nata da un percorso gastronomico personale con la visione avvenieristica di strutturare nuovi percorsi approfondendo alcune nuove scoperte o meglio la conoscenza di prodotti naturali che abbiano un importanza per unicità e proprietà.

Applicati nella cucina che siano ricette tradizionali italiane o con influenze etniche o semplicemente una fusione di entrambi.